E. GERLACH HIDDENSEE

EDITH GERLACH

HIDDENSEE

KULINARISCHE

REISESKIZZEN & REZEPTE

AUS POMMERN

HÄDECKE

FÜR DIE INSELBEWOHNER GILT: RECHNEN UND LESEN MANGELHAFT, RELIGION ETWAS BESSER, ESSEN UND TRINKEN SEHR GUT.

Inselpastor Arnold Gustavs

DAMALS

Hiddensee, dat söte Länneken: Erinnerung an die Sommer meiner Kindheit, an Wasser, Sonne, Salzluft; Duft nach Fischen und heißem Sand, unter den Füßen das scharfe Gras des Strandhafers; die Kanten der vielen Steine am Strand, das scharfe Brennen der Quallen an den Beinen. Ach diese Quallen! In allen Farben des Regenbogens leuchteten sie, blitzend wie Juwelen, wenn wir Kinder sie mit der Pütt, dem Wassereimer, an Deck zogen. Faszination anderer Welten und Gefahr zugleich — zu nahe kommen durfte man diesen durchscheinenden Herrlichkeiten nicht. Hiddensee — Erinnerung an erste alleinverbrachte Nachtstunden auf unserem Segelboot, mit dem wir in den Sommerferien von Berlin nach Hiddensee kamen; von fernher abgebrochen die Klänge des Akkordeons, das meine große Schwester in der Seglerklause spielte. Tagsüber dann die Ausflüge zum Dornbusch — das Steilufer, reizvoll, da gefährlich: schön und schauerlich gleicherweise der Gedanke, die steilen Klippen herunterzurutschen. Du sötes Länneken! Später im Krieg kam ich ein letztes Mal im Herbst ein paar Tage nach Hiddensee. An den Herbststurm über der Insel erinnere ich mich noch sehr wohl und an das harte Klatschen der Brandung, an den bleigrauen Himmel und die ernsten Gesichter der Fischer, nicht mehr ganz so lustig, wie ich sie aus den Kinderjahren kannte.

DAS WAR EIN ABSCHIED
VON DER INSEL.

UND HEUTE

Du sötes Länneken, viel Beinarbeit liegt hinter mir! Ich habe dich von Nord nach Süd erkundet, erlaufen und erfahren; wohin sind die Jahre der Trennung, der Wind bläst wie damals, die falsch schimmernden Quallen brennen an den Beinen, der Strandhafer sticht und die Steine am Strand haben noch die gleichen scharfen Kanten. Ein paar Häuser mehr und ein Kaufhaus dazu und ein veritabler Schulautobus; aber die sandigen schmalen Wege, die weiten Grashügel mit den blauen Säumen von Meer und Bodden, das Kreischen der Sturmmöwen und der Geruch der Netze, alles ist wieder wie in den Kindersommern. Ginster wächst noch und Glockenheide; die Möwen legen wie immer sorglos ihre graugrünen Eier am Ufer ab. Im Inselnorden trägt die Ostsee Erde ab, um sie im Süden wieder anzuschwemmen — alles wie früher. Der Sonnenuntergang — obligo jeder Ferien — theatralisch wie vor langen Jahren und unvergeßlich. Ein Museum hat sich dazugesellt, liebevoll ausgestaltet.

Hiddenseer lieben ihre Insel seit jeher, weg will — trotz hartem Leben — freiwillig keiner. Die stillen Steine vor der kleinen Kirche in Kloster bezeugen dies eindringlich. Sie sind, jeder für sich, ein kleines Kunstwerk, friedlich stehen sie da, schief und krumm im grünen Gras auf dem Weg zur Kirche; ich habe Stunden damit verbracht, sie zu betrachten. Die kleine Kirche selbst — ein stiller Ort in Blau und Weiß mit Rosen an der blaugemalten Decke; dahin können wohl sogar harte Fischer den lieben Gott besuchen kommen.

Eine arme Insel — und eine reiche zugleich: Ginster, Glockenheide, Wiesenprimel, Glockenblume und Königskerze, die poetische Immortelle, alles eng beieinander wachsend. Silberne Stranddisteln, Sanddorngebüsche mit den herbstlichroten Beeren! Duftende Wildrosen. Binsen, Flechten, Gräser und Kräuter und Moos; und wo das Grün aufhört, beginnt die Dünenheide, weite stille Flächen beiderseits vom Wasser begrenzt.

Stranddistel

Laufen, laufen, laufen. 16,5 km lang ist die Insel, und an ihrer breitesten Stelle mißt sie 3,75 km! Ganz oben im Norden liegt Grieben. »Ich gehe nach Süden«, sagen die Hiddenseer und wollen nach Neuendorf, gute 12 km Fußmarsch entfernt.

Im Süden: Weites angespültes Land — der Gellen. Im Norden die Steilufer des Dornbuschs, vor Jahrtausenden von Gletschern zusammengeschobene Moränenhügel. Was hier abbröckelt von der Küste bei Sturm und Regen, lagert die Flut im Süden wieder an, und auch im Nordosten der Insel, am Bessin, entsteht ständig Neuland: durchschnittlich 50 Meter wächst das Land hier jährlich in die See hinein!

Fünf Kilometer weit zieht sich die Straße von Vitte in der Inselmitte nach Neuendorf im Süden, auf der einen Seite die wechselnde Landschaft der Dünenheide, auf der anderen die Boddenwiesen nach Rügen zu. Fünf Rehe fraßen dort am Abend das kräftige salzige Gras der Salzwiesen. Die dicken gelben Blüten des Löwenzahn leuchten wie Sterne im noch kargen Gras, jetzt im Mai.

DER SANDDORN HAT BLASSOLIVE BLÄTTER ANGESETZT, DAS BIRKENGRÜN SCHIMMERT FREUNDLICH.

Zeit und Naturgewalt bewirken ständige Umwandlung der Landschaft. Bei meinen Wanderungen durch die Dünenheide, von Vitte südlich in Richtung Neuendorf, entdeckt das aufmerksame Auge fortwährenden Wechsel. Dünenverwehungen, Anhäufung von Sand auf gestriger Mulde, Hügelchen auf gestern noch Flachem — nichts ist endgültig, die Natur improvisiert und alles ist in Bewegung. Ernst ist hier die Natur; schwarz ragen Krüppelkiefern in den blassen Himmel, nur das zarte Birkengrün zum Rand der Heide hin wirkt fröhlich. Schwarz und ernst wirkt mit zartlila aufgesetzten Blütenknospen im Vorsommer das Heidekraut, und silbergrau ziehen die schmalen Sandwege dahin. Vor dem matten grauen Himmel segeln weiße Möwen, die Schreie klingen laut und klagend, die Möwenmütter brüten.

Die Insel schreibt eine harte Geschichte. Leibeigenschaft der Bauern und Fischer, die noch bis weit ins 19. Jahrhundert in Bestandslisten, zusammen mit dem Inventar, aufgeführt wurden: 5 Sack Mehl, 3 Ganzbauern, 2 Halbbauern und so fort. Trotzdem: eine heitere Insel, sich selbst genug und von fröhlichem Ernst.

Buntes Kaleidoskop der Inselgeschichte: ein Zisterzienserkloster, 1296 am Südhang des Dornbuschs gegründet, mit mehreren Kirchen und einer Klosterbibliothek; eine Tongrube mit blauem Ton, aus dem in Stralsund die Hiddenseer Fayencen hergestellt wurden; goldener Wikinger-Schmuck, am Strand nach Sturmflut gefunden — Romantik genug. Auf dem Friedhof in Kloster neben den Schlucks, Ahrens und Gaus mit ihren bescheidenen Steinen auch das Monument für den bedeutendsten Inselgast: Gerhart Hauptmann. An weiteren berühmten Inselgästen ist kein Mangel: Ringelnatz und Asta Nielsen, Sigmund Freud, Erich Heckel, Ewald Mataré — seit Anfang des 20. Jahrhunderts, besonders nach dem Ende des 1. Weltkriegs, wird die Insel zur Künstlerkolonie, von Hauptmann »das geistigste aller deutschen Seebäder« genannt. Einstein! Thomas Mann! Käthe Kollwitz, Max Reinhardt, Carl Zuckmayer! Hochkarätige Namen bevölkern im Sommer diese schmale langgestreckte Insel von nur 17,1 Quadratkilometern Grundfläche.

Zeesenboot

Hiddensee – Seglerparadies. Das hat sich in langen Jahren seit meinen Kinderferien auf der Insel nicht geändert. Ein großer Seglerhafen liegt in Vitte, dem Hauptort der Insel, und ein zweiter, Schwarzer Peter genannt, in Neuendorf; ein geübter Segler benötigt von Stralsund zur Insel bei gutem Wind etwa 4—6 Stunden, von Lübeck nach Hiddensee zwei Tage.
Während meines Inselaufenthaltes sah ich wunderschöne Zweimastsegler aus Hamburg und Lübeck, ein großes Motorschiff aus dem Rheinland, viele elegante Sportboote aus Dänemark. Das Seglerparadies Hiddensee lockt viele an. Aber segeln können muß jeder, der herkommt. Schmal sind die von Baken abgesteckten Fahrrinnen, und leicht sitzt auf, wer nicht navigieren kann.

Eine kleine Weltgeschichte tut sich auf, wenn man unten am Steilufer steht und hinaufschaut. Man sieht auf Jahrtausende der Erdgeschichte, auf eine Vielfalt abgelagerter Schichten von Sand, Kieseln, Ton und Mergel. Uferschwalben graben sich tiefe Nisthöhlen in die sandigen Teile der Steilküste. Noch leichter trägt dann der Wind den feinen Sand davon, der Westwind treibt ihn zum Bessin, der Nordwind läßt ihn ins Süderland fliegen. Immerwährende Verwandlung. Wenn man Glück hat und gute Augen, findet man am Steilufer des Dornbuschs zwischen mächtigem Steingeröll Zeugen vergangener Zeit: Donnerkeil, Seeigel, vielleicht Bernstein. Aber auch die einfachen Steine am Strand sind schön, glänzend schwarz, eisenbraun oxydiert, weiß kalkbemehlt oder von weißen Adern durchzogen. Millionen kleiner Muscheln werden vom Wasser an Land geschwemmt und von der Brandung zurückgeholt ins Meer. Zwei kleine »Findlinge« mußten mit mir den Heimweg antreten; einer sah mich an wie eine kleine Robbe, der dickere daneben wie die Robbenmutter — es blieben genug zurück!

Feind aller Inseln, aller Küsten: der Sturm. Er brach im Jahr 1864 sogar die ganze Insel in zwei Teile. Die Chronik berichtet von verheerenden Überschwemmungen, Sturmflut, Hochwasser, gestrandeten Schiffen. Riesige Schutzwälle aus gewaltigen Steinmassen säumen heute die Küste. Deiche schützen, geben neue Ausblicke frei. Buhnen brechen die Kraft des Meeres. Schief im Wind stehen die Kiefern windgeschoren auf dem Dornbusch.

Die Hiddenseer markieren ihr Eigentum seit eh und je mit Hausmarken. Allein in Neuendorf kennt man mehr als 50 Hausmarken, mit denen sogar Schafe gebrandmarkt, Fischereigerät gekennzeichnet und Grabsteine graviert wurden!

Hausmarke

Im kleinen Inselmuseum von Kloster kann man eine originale alte Schifferstube bewundern. Auch Mitbringsel der Schiffer, englische Hunde aus Porzellan, Geschirr, Buddelschiffe holen die weite Welt ins kleine Museum. Kloster ist kultureller Mittelpunkt der Insel. Gepflegt leuchtet durch die Bäume die schöne Fassade von Haus Seedorn, dem Gerhart Hauptmann-Museum.
Jugendstil auf Hiddensee: die Lietzenburg! Anfang des Jahrhunderts war sie Wohnsitz des Berliner Malers Oskar Kruse, später lebte hier die Puppenmutter Käthe Kruse.
Auch die alte Dorfkirche steht in Kloster, mit dem besinnlichen Friedhof; gleich gegenüber wohnt der Pfarrer in einem weißen Reetdachhaus mit der Inschrift:
Dat steiht fast: »Ik un min Hus, wi willn den Herrn dein.«
Direkt neben dem Pfarrhaus liegt wie ein kleines Auge Gottes der Pasterteich. Hühner sausen umher und Hunde, Schafe weiden, wohin man sieht.

AUF DEM DEICH ZWISCHEN KLOSTER UND VITTE ZUM BODDEN HIN, SCHAFORT GENANNT, GRASEN MÄCHTIGE ZOTTELIGE SCHWARZE RINDER.

Noch immer ist die Fischerei ein Haupterwerb der Inselbewohner. Gefischt wird seit altersher in sogenannten Kompanien, einem Zusammenschluß von Fischern, Booten und Fanggeräten; hauptsächlich fängt man Hering, Hecht, Zander, Barsch, Aal, Dorsch und Flunder. Man fischt mit Reusen oder vom Boot aus mit dem Schleppnetz.
Mein Koch in Vitte erklärte mir hierzu: Vitt kommt von vittas — Hütten, Fitten; das waren die Stellen, in denen die Fische eingesalzen wurden, und hier entstanden auch die ersten Dorfkrüge. Die Blaue Scheune in Vitte soll ehemals ein solcher gewesen sein.

Flundern

An langen Winterabenden wird auf der Insel bei heißem Grog viel geklönt; man erzählt dem Besucher, wie Hiddensee und Rügen erschaffen worden sind vom »lieben Gott« — nämlich so:

Dem Herrgott gefiel nach Erschaffung der pommerschen Küste diese nicht so sehr — zu kahl war sie ihm und zu glatt. Da nahm er die letzten Reste vom Lehm, mit dem er Pommern geschaffen hatte, auf seine Kelle und klatschte sie von Bornholm aus nach Pommern hinüber. Der Lehm fiel zu früh ins Wasser — der liebe Gott hatte die Inseln Rügen und Hiddensee erschaffen.

Solche und andere Geschichten hört man im Winter. Da werden auch die Unterirdischen schon mal gesichtet, wenn es ruhig ist auf der Insel; und die Wichtelmännchen, wie man die Unterirdischen auch nennt, kommen mit ihren Tarnkappen zum Tanz herauf.

In Erinnerung an die Sommer meiner Kinderzeit habe ich bei meinem Besuch die schönsten pommerschen Kochrezepte und spezielle Rezepte von der Insel Hiddensee gesammelt und aufgeschrieben.

Die pommersche Küche ist eine alte bodenständige Küche, ein Zueinanderdrängen fast immer von süß und salzig. Herbes geht zusammen mit Mildem; und natürlich ist sie eine Fischküche. Der Fischfang, mehr als die Landwirtschaft, ernährte über Jahrhunderte die Inselbewohner, jagdbares Wild spielte nie eine große Rolle, obwohl sogar Wildschweine von der Rügenschen Seite gekommen sein sollen und einmal ein Elch!

Beim Sammeln der alten Rezepte haben mich viele Stralsunder und Hiddenseer unterstützt, und so ist eine sehr persönliche Rezeptsammlung entstanden, die zum Nachkochen einladen soll.

Alte Hiddenseer Rezepte

Ich zeigte dem Küchenmeister des Restaurants »Bernstein« in Vitte meine Rezeptauswahl. Er hat liebenswerterweise die Sammlung durch einige alte Rezepte ergänzt, die ich hier original wiedergebe. Es sind handschriftlich überlieferte, um die Jahrhundertwende aufgeschriebene Rezepturen, teils hochdeutsch, teils platt abgefaßt.

Der Vitter Koch erzählte mir auch die Geschichte vom »Köökschenteller«. Mit dem wurde nach dem Essen für die Köösch gesammelt. Bei besonders guten Essen kam der Teller mit einem glimmenden Leintuch zum zweitenmal auf den Tisch mit den Worten: »de Köösch is dat Hemd verbrennt« — worauf unter lebhaftem Gelächter die Antwort kam: »Denn mütt se woll en nigges hebb'n!«*

* Der Köchin ist das Hemd verbrannt. — Dann muß sie wohl ein neues haben!

Hiddenseer Sonntagssuppe nach Mutter Gau-Futtig«:

»1 1/2 Liter Wasser mit Salz würzen, das Suppengrün und Gemüse hinzugeben, 10 Minuten aufkochen, passieren, und nun soviel »Knöchlein« wie man hett, thut man in diese Brüh, dazu eine Schale von Zitrone, oder 50 Gramm Sanddornsaft. Jetzt wird eine kräftige Brühe gekocht, am Rand des Herdes. Anschließend die Brühe passiert, und mit geriebener roher Kartoffel sähmig gebunden. Nun das Suppengrün, welches vorwiegend aus Porree besteht, dazugeben. Mit etwas kleingeschnittenem Sauerampfer und Fleischresten (Knochenauspuk) wird die Suppe, nachdem etwas Petersilie aufgestreut wurde, serviert.«

Für diese Suppe existieren keine Mengenangaben, die Köösch Futtig kochte nach Fingerspitzengefühl.

Gänsespickbrust

»Die Brust einer recht großen Gans wird mit dem sehr scharfen Messer ausgelöst, die Brusthälften müssen dabei zusammenbleiben, große Obacht ist dabei zu geben, denn die Hälften dürfen keinesfalls auseinanderreißen. Die nun ausgelöste Brust wird von allen Seiten mit Pfeffer und Pökelsalz und ein wenig Zucker eingerieben und 7 Tage kühl im Steintopf liegengelassen; ein wenig Zwiebelringe geben der sich bildenden Lake, welche zum vollständigen Durchpökeln reicht, einen hauseigenen Geschmack. Nun wird die Brust herausgenommen – vorher hat man ein klein wenig (Moccalöffel) Zuckercouleur hergestellt – und mit Zuckercouleur bestrichen, sodann die Randseiten zusammengenäht. So vorbereitet wird die Brust auf einem Spieß in der Räucherkammer geräuchert. Das erfolgt über kaltem Buchenholzschmok unter Beigabe von Wacholderspänen. Geräuchert wird 1–2 Tage, die Brust muß kühl gelagert werden.«

Sanddorncreme

»50 Gramm Sanddornsaft wird aufgekocht und mit Stärkemehl fest abgebunden – erkalten lassen – durch ein Haarsieb streichen.
8 Eigelb mit 125 Gramm Zucker aufschlagen, nun etwa 250 bis 300 Gramm Sanddornsaft unter kräftigem Schlagen zugeben.
8 Eiklar steifschlagen, mit 100 Gramm Schlagsahne vermischen.
Unter den abgebundenen Sanddornsaft nun die aufgeschlagenen Eigelb mit Sanddornsaft heben, danach Eischnee und Schlagsahne«.

Einen Anisstern (Mitbringsel der pommerschen Seefahrer, Anmerkung des Kochs) als Dekoration verwenden. Schokoladeraspel mit einem Minzblatt schmücken die Sanddorncreme aber besonders schön.

Griesspudding mit Brombeeren

1 Liter Milch
1/4 Stange Vanille
40 Gramm Butter
225 Gramm Grieß
60 Gramm Zucker
4 Eier
20 Gramm Mandeln
Butter zum Ausfetten der Form

Die Milch mit der Vanille und etwa 1/8 der Butter aufkochen, den Grieß und Zucker einrühren und steif kochen. Die Butter (Rest 7/8) schaumig rühren, Eigelb und gehackte Mandeln dazugeben und unter den steifen Brei ziehen. Von Eiklar einen steifen Schnee schlagen und unterheben; die Form ausbuttern und diese dann verschließen und eine Stunde im Wasserbad kochen. Die Form stürzen und mit Früchten und Fruchtsaftsoße den Gästen reichen.

Fruchtsaftsoße: Brombeersaft mit etwas Wasser verdünnt, etwas Kartoffelmehl angesahmt, aufkochen und nach Geschmack einen Schuß Jamaica-Rum dazugeben.

Auf Hiddensee wachsen kaum Früchte, jedoch in großer Menge Brombeeren und Holunder. Diesen Reichtum nutzte man, indem Saft für Pudding bereitet wurde.

von Aal bis Zander

Aal, sauer

1000 Gramm Aal
1 Liter Wasser
1 Zitrone
1 Zwiebel, gewürfelt
1 Bund Suppengrün, zerkleinert
1 Lorbeerblatt
12 Blatt weiße Gelatine
1/4 Liter Essig
Zucker und Salz

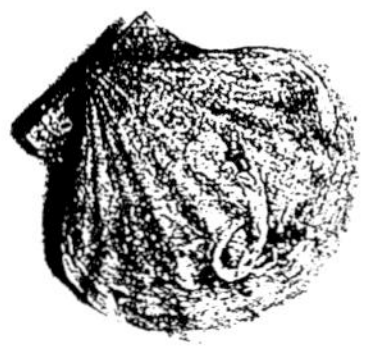

Den Aal säubern, häuten, in Stücke schneiden und mit Zitronensaft säuern.
Aus Wasser, Zitronenscheiben, Zwiebel, Suppengrün, Lorbeerblatt und Salz einen Fond kochen und darin die Aalstücke garen.
Abkühlen lassen, die Fischstücke herausnehmen und in eine Schüssel legen.
Den Fond durchseihen, mit Essig, Zucker und evtl. mit Salz abschmecken.
Die Gelatine in kaltem Wasser einweichen, gut ausdrücken, im heißen Fond auflosen und über die Aalstücke gießen. Erkalten lassen.

Spickaal, gebraten

600 Gramm Räucheraal
2 Eßlöffel Mehl
1 Ei, verquirlt
1 Tasse Semmelbrösel
2 Eßlöffel Butter
1 Zitrone

Den Räucheraal häuten, filetieren, in fingerlange Stücke schneiden und in Mehl, Ei und Semmelbröseln panieren. Die Butter erhitzen und die Fischstücke darin goldbraun braten.

Fischsuppe
(Abb. gegenüberliegende Seite)

350 Gramm Schellfisch, Kabeljau o. ä.
1 Liter Wasser
Essig, Salz
2 Eßlöffel Butter
250 Gramm Kartoffeln, gewürfelt
1 Möhre in Scheiben
2 Zwiebeln, gewürfelt
1 Knolle Sellerie, gewürfelt
1 Stange Porree in Ringen
Salz, Pfeffer
Petersilie, gehackt

Fisch säubern, säuern, in Salzwasser sachte garen. Aus der Brühe nehmen, zerkleinern. Gemüse in Butter andünsten, mit Salz und Pfeffer würzen, Fischbrühe zugießen und ca. 15 Minuten kochen. Fischstücke in die kochende Suppe geben und mit gehackter Petersilie bestreuen.

Hiddenseer Aalsuppe

750 Gramm Aal
Zitrone oder Essig
1 Bund Suppengrün, zerkleinert
500 Gramm Kartoffeln, gewürfelt
4 Eßlöffel Butter

Für die Klöße:
6 Eßlöffel Mehl
2 Eier
1/8 Liter Milch
evtl. etwas Wasser

Den gewaschenen, geputzten Aal in Stücke schneiden, säuern und mit Suppengrün in Salzwasser garen.
Den Fisch herausnehmen und warmstellen. Die Kartoffelwürfel in die Fischbrühe geben, knapp garkochen. Dann die Aalstücke mit der Butter zur Suppe geben und noch etwas ziehen lassen.
Alle Kloß-Zutaten zu einem weichen Teig verarbeiten. Mit einem Teelöffel kleine Klößchen abstechen, in siedendem Salzwasser solange ziehen lassen, bis sie an der Oberfläche schwimmen, und zur Aalsuppe geben.

Hiddenseer Schmoraal
(Abb. gegenüberliegende Seite)

750 Gramm Aal
Zitrone oder Essig
4 Eßlöffel Butter
2 Zwiebeln, in Scheiben
Salz

Für die Schwitze:
2 Eßlöffel Butter
2 Eßlöffel Mehl
Salz
Pfeffer
1/2 Liter Wasser

Aal waschen, putzen, in fingerlange Stücke schneiden und mit Zitronensaft oder Essig säuern.
Die Butter erhitzen und die Zwiebelscheiben darin glasig dünsten. Den gesalzenen Aal zugeben und bei niedriger Temperatur schmoren. Aus Butter, Mehl und Wasser eine hellbraune Schwitze herstellen, mit Salz und Pfeffer abschmecken und die Aalstücke darin garziehen lassen.

Räucheraal auf Rührei

2 Räucheraale
à ca. 250 Gramm
Pfeffer
8 Eier
etwas Milch oder Mineralwasser
Salz
1 Zwiebel, gehackt
2 Eßlöffel Butter
4 Scheiben Brot
Butter

Die Aale häuten, filetieren und in ca. 8 cm lange Stücke schneiden. Mit Pfeffer bestreuen.
Die Eier mit Milch oder Mineralwasser verquirlen, salzen und pfeffern.
Die gehackte Zwiebel in heißer Butter bräunen, die Eimasse zufügen und stocken lassen. Brotscheiben toasten, buttern und darauf das Rührei und die Aalfilets legen.
Variante: Anstatt Aal Bücklingsfilets nehmen.

Hecht in brauner Butter

1 Hecht, ca. 1500 Gramm
Essig
1 Bund Suppengrün, zerkleinert
2 Zwiebeln, halbiert
Salz
Petersilie, gehackt
250 Gramm Butter

Den kochfertigen Fisch säubern — Kopf und Schwanz dranlassen — und mit Essig säuern.
Suppengrün, Zwiebeln, Salz mit 3/4 Liter Wasser aufkochen und den Hecht sachte darin garen.
Die Butter schmelzen und erhitzen, bis sie braun ist.
Den Fisch auf einer großen Platte anrichten, mit reichlich Petersilie bestreuen und mit der gebräunten Butter übergießen.

Hecht, gebacken mit saurer Sahne
(Abb. nebenstehend)

1 Hecht, ca. 1200 Gramm
Essig
Salz, Pfeffer
3 Eßlöffel Butter
1 Zwiebel, in Scheiben
1 Lorbeerblatt
1/4 Liter saure Sahne
1 Tasse geriebener Zwieback
4 Eßlöffel Käse, gerieben

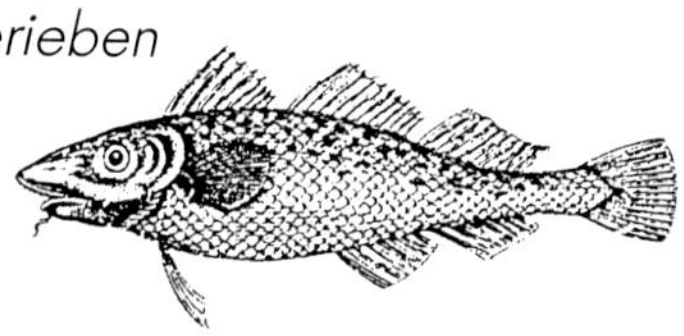

Den Fisch säubern, säuern, salzen und pfeffern.
Den Backofen auf 200 Grad vorheizen.
Den Hecht mit Butter, Zwiebelscheiben und dem Lorbeerblatt in eine flache Fischpfanne legen. In den Backofen geben und kurz von beiden Seiten anbraten. Saure Sahne, Zwieback und Käse mischen, über den Fisch geben und den Hecht ca. 15–20 Minuten backen.

Pommerscher Heringssalat
(Abb. Seite 38)

Für die Marinade:
1 Teelöffel Senf
1 Eßlöffel Kapern
1 Eßlöffel Johannisbeergelee
Saft von 1 Zitrone oder
2 Eßlöffel Essig
2 Eßlöffel Öl
Salz, Pfeffer
eine Prise Zucker

4 Salzheringe, gewässert, abgezogen, entgrätet
1 Gewürzgurke in Streifen
2 Äpfel, gewürfelt
200 Gramm Kalbsbraten, gewürfelt
2 Eßlöffel Perlzwiebeln

Zum Garnieren:
Hartgekochtes Ei, Petersilie, Früchte

Aus Senf, Kapern, Johannisbeergelee, Zitronensaft oder Essig, Öl, Pfeffer, Salz und Zucker eine Marinade herstellen.
Die Salzheringe in mundgerechte Stücke schneiden und mit den übrigen Salatzutaten in der Marinade gut durchziehen lassen. Abschmecken, mit Ei, Petersilie und Früchten garnieren.

Pfannfisch
(Abb. nebenstehend)

750 Gramm in der Schale gekochte Kartoffeln, gepellt
4 Zwiebeln, gewürfelt
100 Gramm magerer Speck, gewürfelt
500 Gramm geräucherter Fisch
4 Eier
1/8 Liter Milch
1 Eßlöffel Senf
Salz, Pfeffer
2 Bund Schnittlauch in Röllchen

Kartoffeln in Scheiben schneiden, mit den Zwiebeln im Speck anbraten. Den entgräteten, gehäuteten und zerkleinerten Fisch dazugeben. Die Eier mit Milch verquirlen, Senf, Salz, Pfeffer und geschnittenen Schnittlauch zufügen.
Über die Bratkartoffeln und den Fisch gießen und stocken lassen.

Heringscreme als Vorspeise

8 Salzheringe, gewässert, entgrätet
4 Eßlöffel Butter
4 Eigelb
1/8 Liter Weißwein
1 Eßlöffel Zucker
1 Zwiebel, gerieben
1 Teelöffel Senf
Zum Garnieren:
Gurke, hartgekochtes Ei, Kapern, Perlzwiebeln

Heringe durch die feine Scheibe des Fleischwolfs drehen oder fein wiegen. Die übrigen Zutaten im Wasserbad zu einer dicken Creme schlagen, vorsichtig das Heringsfleisch darunterziehen. In Portionsschalen füllen und erkalten lassen. Mit Gurken, Eischeiben, Kapern und Perlzwiebeln garnieren.

Matjes, grüne Bohnen, Schusterstippe

8 Matjesfilets, gewässert
gestoßenes Eis

200 Gramm Speck, gewürfelt
2 Zwiebeln, in Ringe geschnitten
2 Eßlöffel Mehl
3/4 Liter Milch
Salz und Zucker nach Geschmack
Majoran, gerebbelt

750 Gramm Bohnen
2 Eßlöffel Butter
Salz

Die Matjesfilets abtrocknen und auf gestoßenem Eis anrichten.
Für die Schusterstippe die Speckwürfel ausbraten, Zwiebelringe dazugeben und glasig braten lassen. Mit Mehl bestäuben, mit Milch ablöschen und aufkochen lassen. Mit Salz, Pfeffer, Majoran abschmecken.

Die Bohnen putzen, waschen, evtl. zerkleinern. In Salzwasser garen, abgießen und kurz in Butter schwenken.

Herings-Hack

4 Salzheringe, gehäutet, entgrätet, gewässert
8 Eier, hartgekocht
1 Zwiebel
2 Gewürzgurken
3 Teelöffel zerlassene Butter, abgekühlt
2 Teelöffel Senf
Pfeffer
Schwarzbrot

Heringe, Eier, Zwiebel und Gurken fein hacken.
Butter, Senf und Pfeffer mit den gehackten Zutaten mischen, etwas ziehen lassen.
Auf Schwarzbrot servieren.

Hering in Gelee

8 Heringe, gewässert, filetiert
1/2 Liter Weißwein
1/2 Liter Wasser
Schale von 1 Zitrone
12 Blatt weiße Gelatine

Zum Garnieren:
Hartgekochtes Ei,
Gewürzgurke

Heringsfilets in Wein und Wasser mit Zitronenschale einmal aufkochen. Aus dem Sud nehmen, zusammenrollen und in eine Schüssel legen.
Die Brühe durchseihen, nochmals aufkochen und die vorher in kaltem Wasser eingeweichte, gut ausgedrückte Gelatine in der heißen Brühe auflösen.
Heringsfilets mit Gurken und Eischeiben garnieren, die abgekühlte Brühe darübergießen; erkalten lassen.

Gebratene Flundern mit Speck

4 Flundern oder Schollen
Zitrone oder Essig
Salz, Pfeffer
Mehl zum Bestäuben
200 Gramm durchwachsener Speck, gewürfelt
5 Eßlöffel Butter

Die Fische unter fließendem kalten Wasser säubern, dann mit Zitronensaft oder Essig säuern, salzen und pfeffern und leicht mit Mehl bestäuben.
In einer schweren Pfanne die Speckwürfel kroß braten.
Aus der Pfanne nehmen und warmstellen.
Die Butter zum Speckfett geben und die Fische darin von beiden Seiten goldbraun braten.
Mit den Speckwürfeln anrichten.

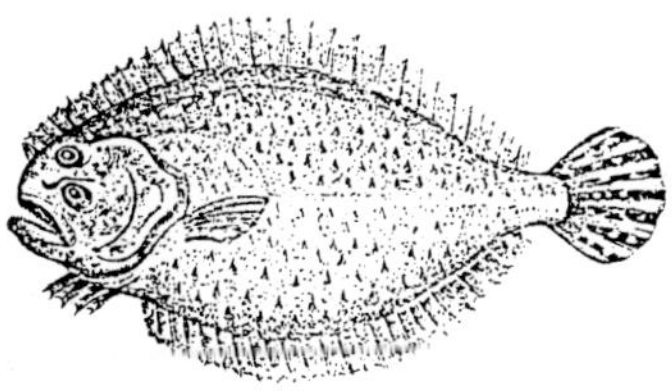

Zander, im Ofen gebacken

1 Zander, ca. 1000 Gramm oder größer
1 Zitrone
Salz
2 Zwiebeln in Scheiben
etwas Butterschmalz
1 Eßlöffel Butter
2 Eßlöffel Butter, mit Sardellenpaste vermischt
2 Lorbeerblätter
Schale einer halben Zitrone
1/4 Liter saure Sahne
3 Eßlöffel Semmelbrösel

Den kochfertigen Zander in kaltem Wasser waschen, abtrocknen, mit Zitronensaft säuern und wenig salzen.
Die Zwiebelscheiben in Butterschmalz in einer Pfanne goldgelb braten, dann in einen Bräter geben. Die Butter zufügen, den Zander darauflegen und mit dem Gemisch aus Butter und Sardellenpaste bestreichen.
Im vorgeheizten Backofen 10 Minuten bei 200 Grad braten, dann den Fisch wenden. Die Lorbeerblätter und die dünn geschnittene Zitronenschale zugeben. Die saure Sahne über den Fisch gießen und die Semmelbrösel darüberstreuen. Den Zander bei gleichbleibender Temperatur weitere 15 bis 20 Minuten braten.

Wrucken & Co.

Gefüllter Kohlkopf

POMMERSCHE BOHNENSUPPE

325 Gramm weiße Bohnen, über Nacht eingeweicht
800 Gramm Gänseklein
Salz und Pfeffer
Petersilie, gehackt
frischer Majoran, gerebbelt
Kerbelblättchen

Die Bohnen in einem Sieb abtropfen lassen. Das Gänseklein 1/2 Stunde in 1 1/2 Liter Salzwasser garen. Die Bohnen zugeben und weichkochen.
Die halbe Menge der Bohnen herausnehmen, durch ein Sieb drücken und wieder in den Topf zurückgeben.
Mit Salz und Pfeffer würzen und mit den frischen Kräutern bestreuen.

GESTOWTE WRUKEN / STECK- ODER KOHLRÜBEN
(Abb. nebenstehend)

800 Gramm Schweinebauch
1 Liter Wasser
Lorbeerblatt
Gewürzkörner
1000 Gramm Wruken
2 Eßlöffel Schmalz
1 Zwiebel, gewürfelt
Salz und Pfeffer
Prise Zucker
3 Eßlöffel Mehl
etwas Wasser
Petersilie, gehackt
Majoran, gerebbelt

Den Schweinebauch in Wasser mit Salz, Lorbeerblatt und Gewürzkörnern eine Stunde kochen.
Die Wruken gut schälen, evtl. holzige Teile entfernen, und die Rüben in Stifte schneiden.
Schmalz in einem schweren Topf erhitzen; Wruken, Zwiebelwürfel und die Brühe vom Schweinebauch zugeben und »stowen« (dämpfen, weichkochen lassen). Mit Salz, Pfeffer und Zukker abschmecken und mit dem angerührten Mehl binden. Die Kräuter darüberstreuen. Den in Scheiben geschnittenen Schweinebauch obenauf legen.

Gefüllte Gurken

4 Schlangengurken

Für die Füllung:
250 Gramm gemischtes Hackfleisch
3 Eßlöffel Semmelbrösel
1 Ei
Salz, Pfeffer
50 Gramm fetter oder durchwachsener Speck in Scheiben
2 Eßlöffel Zucker
1/4 Liter Brühe
1 Tasse saure Sahne

Von den Gurken an beiden Enden ein Stückchen abschneiden. Der Länge nach halbieren und mit einem Löffel die Gurken entkernen. Hackfleisch, Semmelbrösel, Ei, Salz und Pfeffer mischen und vorsichtig in die ausgehöhlten Gurken füllen. Speck und Zucker in einem breiten Topf bräunen und die Gurken darin anbraten.
Die Brühe zufügen und die Gurken in ca. 30 Minuten garschmoren.
Den Bratsatz mit saurer Sahne verrühren und abschmecken. Die Gurken in dicke Stücke schneiden und mit den Speckscheiben und der Soße zu Tisch bringen.

Spinatpudding
(Abb. nebenstehend)

1 Kilogramm frischer Spinat oder
2 Pakete Tiefkühlspinat à 450 Gramm
3 Eier
175 Gramm Grieß
Salz, Muskatnuß
Fett zum Einstreichen der Form

Den frischen Spinat verlesen, waschen und im Tropfwasser ca. 5—6 Minuten kochen. Gut abtropfen lassen und dann kleinhacken. Mit Eiern und Grieß mischen, mit Salz und frisch abgeriebener Muskatnuß abschmecken. In eine gefettete Puddingform füllen und im Wasserbad etwa 40 Minuten kochen.
Mit einer hellen Mehlschwitze oder einer Tomatensoße zu Tisch geben.

Gefüllter Kohlkopf
(Abb. Seite 55)

1 Weißkohl, Salz, Wasser
500 Gramm geräucherter Speck, gewürfelt
Kümmel
1 Lorbeerblatt
5 Pimentkörner
1 Zwiebel, geviertelt

Für die Schwitze:
3 Eßlöffel Schmalz
3 Eßlöffel Mehl
1 Tasse saure Sahne
Salz, Pfeffer, Muskat
1 Prise Zucker

Den Weißkohl halbieren, den Strunk herausschneiden. Den Kohl in kochendes, gesalzenes Wasser geben, 15 Minuten kochen lassen, dann herausnehmen und abtropfen lassen. Den Weißkohl vierteln und die Viertel aushöhlen. Das Ausgehöhlte kleinschneiden und mit Speckwürfeln, Kümmel und Salz vermischen. Die Mischung in die Kohlviertel füllen, den Kohl zusammensetzen und mit Küchengarn zusammenbinden. Die Gewürze und Zwiebelviertel zur Kochbrühe geben und den Kohl darin garkochen.
Aus Schmalz, Mehl und knapp 1/2 Liter Kohlbrühe eine hellbraune Schwitze bereiten, die saure Sahne unterziehen und abschmecken.

Béchamelkartoffeln, überbacken
(Abb. nebenstehend)

1 Kilogramm Kartoffeln
2 Eßlöffel Butter
2 Eßlöffel Mehl
1/4 Liter Wasser
1/4 Liter Milch
1 Teelöffel klare Brühe, gekörnt
100 Gramm mittelalter Gouda, gerieben
Salz, Pfeffer, Muskat
Butter zum Einfetten der Form

Die Kartoffeln in der Schale garen, pellen und in Scheiben schneiden.
Die Butter erhitzen, das Mehl einrühren und aufschäumen lassen. Mit Wasser und Milch ablöschen, unter Rühren aufkochen lassen. Die klare Brühe einrühren, mit Salz, Pfeffer und Muskat abschmecken und kurz aufkochen lassen.
2/3 des geriebenen Käses unterziehen. Die Kartoffeln vorsichtig mit der Soße mischen und in eine gefettete Auflaufform füllen. Den restlichen Käse darüberstreuen. Die Béchamelkartoffeln im Backofen bei 220 Grad etwa 20 Minuten überbacken.

Grünkohl mit geräucherter Schweinebacke

1500 Gramm Grünkohl
2 Eßlöffel Schmalz
2 Zwiebeln, gehackt
2 Eßlöffel Hafergrütze
1 Prise Zucker
zerdrückte Pfefferkörner
500 Gramm geräucherte Schweinebacke
1/4—1/2 Liter Fleischbrühe
Salz, Pfeffer und Muskat

Den Grünkohl putzen, gründlich waschen und zwei Minuten in kochendem Wasser blanchieren. Mit kaltem Wasser abschrecken und zum Abtropfen in ein Sieb geben. Dann die Grünkohlblätter grob hacken.
Das Schmalz in einem gußeisernen Topf erhitzen, die Zwiebeln darin glasig braten, den Kohl zugeben und die Grütze unterrühren. Mit Zucker und Pfefferkörnern würzen, die Schweinebacke auflegen und mit der Hälfte der Fleischbrühe angießen. Im Backofen bei etwa 150 Grad 1 1/2 bis 2 Stunden langsam garen lassen. Falls nötig, weitere Flüssigkeit angießen.
Zum Servieren die Schweinebacke in Scheiben schneiden und den Kohl mit Salz, Pfeffer und etwas Muskat abschmekken.

Rügener Schweinegulasch mit Gemüse

500 Gramm Schweineschulter
4 Zwiebeln in Scheiben
5 Eßlöffel Öl
Paprikapulver, edelsüß
250 Gramm grüne Bohnen, geschnippelt
6 Tomaten, gewürfelt
1/4 Weißkohl, in Streifen geschnitten
Salz und Pfeffer
1 Knoblauchzehe
Petersilie, gehackt

Die Schweineschulter in Würfel schneiden, mit den Zwiebeln im heißen Öl anbraten. Mit Paprika bestreuen.
Grüne Bohnen in Salzwasser etwas vorgaren, dann mit den Tomaten und dem Kohl zum Fleisch geben. Mit Salz, Pfeffer und zerdrücktem Knoblauch würzen. Das Gericht garschmoren, abschmecken und mit reichlich Petersilie zu Tisch bringen.

Kloppschinken

4 dicke Scheiben roher
Schinken à 100 Gramm
1/2 Liter Milch
Muskat, Pfeffer
3 Eßlöffel Mehl
4 Eier
3 Eßlöffel Öl
2 Eßlöffel Butter

Die Schinkenscheiben klopfen und ein paar Stunden in der mit Muskat gewürzten Milch marinieren. Herausnehmen, abtropfen lassen (evtl. mit Küchenkrepp trockentupfen), pfeffern, in Mehl und verquirltem Ei wenden und in Butter und Öl kroß braten.

Rindfleisch mit Pflaumen

1000 Gramm Rindfleisch,
Schulter oder Rinderbrust
1 Bund Suppengrün: Möhre,
Sellerie, Porree
Salz
400 Gramm Backpflaumen
3 Eßlöffel Zucker
2 Eßlöffel geriebener
Lebkuchen

Für die Soße:
3 Eßlöffel Butter
2 Eßlöffel Mehl
4 Zwiebeln, gewürfelt
1/2 Bund Petersilie
Salz, Pfeffer

Fleisch mit Salz und Suppengrün in etwa 2 Liter Wasser weich kochen.
Die Backpflaumen mit Zucker und einem Teil der durchgeseihten Fleischbrühe etwa 15 Minuten sanft kochen lassen und mit geriebenem Lebkuchen binden.
Aus zwei Eßlöffeln Butter und dem Mehl eine helle Schwitze bereiten, mit 1/4 Liter Brühe glattrühren und aufkochen lassen. Zwiebelwürfel in der restlichen Butter hellbraun rösten, zusammen mit der feingeschnittenen Petersilie in die Schwitze geben, mit Salz und Pfeffer abschmecken.
Das Rindfleisch in Scheiben schneiden, mit den Backpflaumen servieren.

Nachtisch & Getränke

Pommersche Götterspeise

Kliebensuppe – Klackerklieben

1 Liter Milch
Abrieb von 1 Zitrone
1 Prise Salz und Zucker

Für die Klieben:
6 Eßlöffel Mehl
2 Eier
1/2 Eßlöffel Zucker
Prise Salz

Die Milch mit der abgeriebenen Zitronenschale, Salz und Zucker aufkochen.
Aus Mehl, Eiern, Zucker, Salz (und evtl. etwas Wasser) einen Rührteig herstellen. Diesen langsam über einen Löffel in die kochende Milch einlaufen lassen. Auf kleiner Flamme weiterkochen, bis die Klieben an der Oberfläche schwimmen.

Arme Ritter

1/2 Liter Milch
2 Eier
1 Eßlöffel Zucker
Prise Salz
8—12 Scheiben Weißbrot
8 Eßlöffel Semmelbrösel
ca. 5 Eßlöffel Butter oder Margarine zum Braten
Zimt und Zucker

Die Milch mit Eiern, Zucker und Salz verquirlen.
Weißbrotscheiben darin eintauchen und etwas durchziehen lassen. In Semmelbröseln wenden.
Butter oder Margarine zerlassen und die Brotscheiben von beiden Seiten im heißen Fett goldbraun ausbacken.
Mit Zimt und Zucker bestreuen.

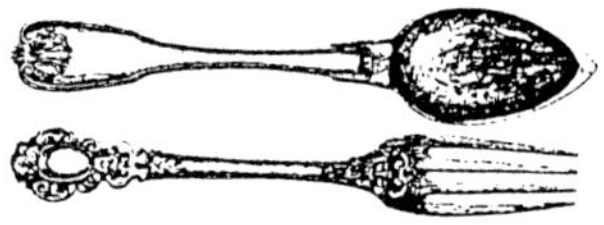

Dörrobst-Kompott

250 Gramm Dörrobst
1 Liter Wasser
3 Eßlöffel Zucker
1 Zimtstange
1 Stück Zitronenschale
Prise Salz
2 Eßlöffel Kartoffelmehl

Das Dörrobst waschen und in kaltem Wasser über Nacht einweichen.
Im Einweichwasser mit Zucker, Zimtstange, Zitronenschale und einer Prise Salz garkochen. Zimtstange und Zitronenschale herausnehmen.
Das Kartoffelmehl in kaltem Wasser anrühren, in die heiße Flüssigkeit gießen und kurz aufkochen. Das Kompott erkalten lassen.

Obst, süss-sauer eingelegt

1 Tasse Essig (ca. 1/4 Liter)
5 Eßlöffel Zucker
1 Zimtstange
1 Gewürznelke
500 Gramm reife Früchte, z. B. Äpfel, Birnen, Pflaumen, Beerenobst oder auch Kürbis

Den Essig mit dem Zucker und den Gewürzen aufkochen.
Gewaschene, geputzte und abgetropfte Früchte dazugeben, kurz weiterkochen lassen und dann das Obst herausnehmen. Abgetropfte Früchte in saubere Gläser füllen, Essigsirup noch einmal aufkochen und über die Früchte gießen.
Die Gläser fest verschließen; kühl aufbewahren.

NUDELPUDDING

3/4 Liter Milch
3 Eßlöffel Zucker
Prise Salz
1 Stück Zitronenschale
1 Stange Zimt
150 Gramm Nudeln
2—3 Eßlöffel Butter
2 Eier, getrennt
Butter zum Einfetten der Form

Die Milch mit Zucker, Salz, Zitronenschale und Zimt zum Kochen bringen. Die Nudeln darin in ca. 20—30 Minuten ausquellen lassen. Zitronenschale und Zimtstange entfernen. Die Butter mit den Eigelben verrühren, die Nudeln unterheben, die Eiklar steif schlagen und den Eischnee unterziehen. In eine gefettete Form füllen. Im Wasserbad ca. 60 Minuten kochen.

BROTPUDDING
(Abb. nebenstehend)

3—4 Semmeln (150 Gramm)
ca. 1/4 Liter Milch
5 Eßlöffel Butter
3 Eier, getrennt
100 Gramm Zucker
1 Teelöffel Zimt
1 Tasse Korinthen
1 Tasse gehackte Mandeln
Butter zum Einfetten der Form

Die Semmeln reiben oder grob zerkleinern. In der heißen Milch ca. 30 Minuten einweichen.
Butter, Eigelb, Zucker und Zimt cremig rühren, mit den gewaschenen Korinthen und Mandeln mischen und die Brötchenmasse zugeben.
Eiklar steif schlagen und vorsichtig darunterziehen. Die Masse in eine gefettete Puddingform füllen, etwa 60 Minuten im Wasserbad kochen.
Stürzen und halbsteif geschlagene Zimtsahne dazu servieren.

Pommersche Götterspeise
(Abb. Seite 71)

250 Gramm Pumpernickel, zerrieben oder zerdrückt
100 Gramm Zartbitter-Schokolade, geraspelt
1 Glas Preiselbeerkompott
1/2 Liter süße Sahne, steif geschlagen

Zur Dekoration:
Schokoladenraspel

Die Pumpernickelbrösel mit der geraspelten Schokolade mischen.
Nacheinander Schlagsahne, Pumpernickel und Preiselbeerkompott in eine Schüssel schichten, bis alles aufgebraucht ist. Mit einer Schlagsahneschicht enden. Mit Schokoladenraspeln garnieren und sehr kalt stellen.

Möhrenkuchen

2 Eßlöffel Butter
125 Gramm Zucker
125 Gramm rohe, geriebene Möhren
1 Päckchen Vanillezucker
Abgeriebenes von 1 Zitrone
Salz
250 Gramm Weizenmehl
3 gestrichene Teelöffel Backpulver
5 Eßlöffel Milch

Die zimmerwarme Butter mit dem Zucker schaumig rühren. Dann die Möhren, Vanillezucker und Zitronenabrieb sowie eine Prise Salz zufügen. Das mit Backpulver vermischte Mehl abwechselnd mit der Milch darunterrühren. Den Teig in eine gefettete Kuchenform geben und bei ca. 200 Grad im Backofen etwa 60 Minuten backen.

Hagebuttenwein

3 Kilogramm Hagebutten
3 Liter Wasser
1 Kilogramm Zucker

Die Hagebutten nach dem ersten Frost ernten, einige Tage stehen lassen.
Danach grob zerkleinern, mit Wasser bedecken und 2 Tage ziehen lassen. Durch ein Tuch seihen, die Fruchtrückstände nicht durchdrücken und die Flüssigkeit mit Zucker verrühren.
In Flaschen füllen, verkorken und zwei bis drei Wochen stehen lassen.

Fliederbeersaft – »Fliedersekt«

5 Holunder-Blütendolden
750 Gramm Zucker
9 Liter Wasser
Saft von 3 Zitronen
40 Gramm Weinsteinsäure

Die Holunder-Blütendolden vorsichtig waschen und gut trocknen lassen. Den Zucker im kalten Wasser vollständig auflösen.
Dann alle Zutaten in einen Tontopf geben und ab und zu umrühren.
Den Topf drei Tage warm — an der Sonne — stehenlassen, dabei zudecken.
Danach die Flüssigkeit durch ein Tuch seihen, in Flaschen füllen und gut verkorkt an einem kühlen Platz aufbewahren.

Eiergrog

4 Eigelb
4 Eßlöffel Zucker
1/4 Liter Rum
evtl. kochendes Wasser

Die Eigelbe mit dem Zucker schaumig schlagen. Den Rum erhitzen und unter Rühren zufügen. In vier Gläser füllen, nach Belieben mit kochendem Wasser auffüllen.

Am letzten Hiddenseetag mache ich eine Ponywagenfahrt durch die Dünenheide nach Neuendorf. Neuendorf ist weich und südlich. Die Luft ist wärmer, die Wellen stiller, die Häuser liegen weit verstreut im flachen Grasland. Über den Bodden ziehen kleine Ruderboote, alles ist geruhsam. Ein weißes Pony grast friedlich am Wegrand, der Strand ist noch menschenleer. An den Schabernackhäusern flattert lustig die Wäsche zum Trocknen, wieder springen in den Salzwiesen die Rehe bei meiner Heimfahrt nach Vitte.
In Vitte weht Nordseeluft — ein kleiner Nordseehafen, an die Ostsee verschlagen! Alles ist hier einen Akkord ernster gestimmt; der schnurgerade Deich seeseitig, mit mattgrünem Dünengras bewachsen, der Hafen mit den Stapeln von Fischkisten und den grünen Lagerhäusern; die grauen Häuser mit den dunklen Reetdächern.
Ich gehe am Abend vor meiner Abreise über die Insel und nehme Abschied. Es ist ein kühler Maiabend, noch sind nur die grünen Blätter der Heckenrosen zu sehen, keine Blüten; am Sanddorn sprießen unwahrscheinlich schöne olivgraugrüne Blättchen — noch lange keine Beeren; nur die duftenden Wiesenprimeln blühen. Noch ist nicht Sommer und trotzdem ist dieser Inselbesuch ein Erlebnis: Die stille Insel, weit und wild und einsam, von allen Seiten blau gesäumt. Das unheimliche, heisere Schreien der Möwen, die sich wie weiße Blitze aus dem grauen Himmel stürzen. Der süße Gesang der Vögel: Ich glaube ich habe den Sprosser singen hören!
Ein Stück Poesie — so habe ich diese Insel empfunden; ein Quentchen Romantik für alle, die Sinn dafür haben.
Hiddensee — sötes Länneken — ich werde wiederkommen. Ich will wieder am Steilufer stehen und auf das Meer hinaussehen, nach Donnerkeil und Seestern suchen, in der Ferne mit Glück die Türme der Stralsunder Kirchen liegen sehen und sehen, wie am Abend die Sonne ins Meer fällt.
Für heute gilt: den Unterirdischen sei Dank gesagt. Ich habe die Insel meiner Kindheitssommer wiedergesehen. Ein Abschiedsgruß, ein Dankeschön mit dem Gedicht von Gerhart Hauptmann, das er 1885 bei seinem ersten Inselbesuch im alten Gau'schen Gasthaus in Kloster schrieb:

Mondscheinlerche

Von dem Lager heb ich sacht'
meine müden Glieder;
eine warme Sommernacht
draußen stärkt sie wieder.

Mondschein liegt um Meer und Land
dämmerig gebreitet;
in den weißen Dünensand
Well' auf Welle gleitet.

Unaufhörlich bläst das Meer
eherne Posaunen;
Roggenfelder, segenschwer,
leise wogend raunen.

Wiesenfläche, Feld und Hain
zaubereinsam schillern;
badend hoch im Mondenschein
Mondscheinlerchen trillern.

»Lerche, sprich, was singst du nur
um die Mitternachtsstunde?
Dämmer liegt auf Meer und Flur
und im Wiesengrunde.«

»Will ich meinen Lobgesang
halb zu Ende bringen,
muß ich tag- und nächtelang
singen, singen, singen!«

Ich bedanke mich für kundige Beratung in Fragen der Hiddenseer Pflanzen- und Vogelwelt bei meinem Vetter, Professor Dr. Darmer in Fintel/Lüneburger Heide ebenso für freundliche Überlassung des Sanddornfotos auf Seite 10; für Überlassung vieler Hiddenseer Kochrezepte bei Frau Erna von Pastau in Bonn und Küchenmeister Hans Joachim Fuchs, Restaurant Bernstein in Vitte auf Hiddensee; für die zeitgemäße Überarbeitung aller übrigen Rezepte Frau Renate Herrmann in Neuberg–Hessen.
Allen anderen freundlichen Hiddenseern und Stralsundern meinen herzlichen Dank für ihre Hilfe bei der Rezeptsuche! Und ein besonderes Dankeschön meinem Verleger, Joachim Graff, und seiner Frau Monika — beide haben mich mit Rat und Tat bei diesem ersten Buch unterstützt und mir alle erdenkliche Freiheit gelassen.

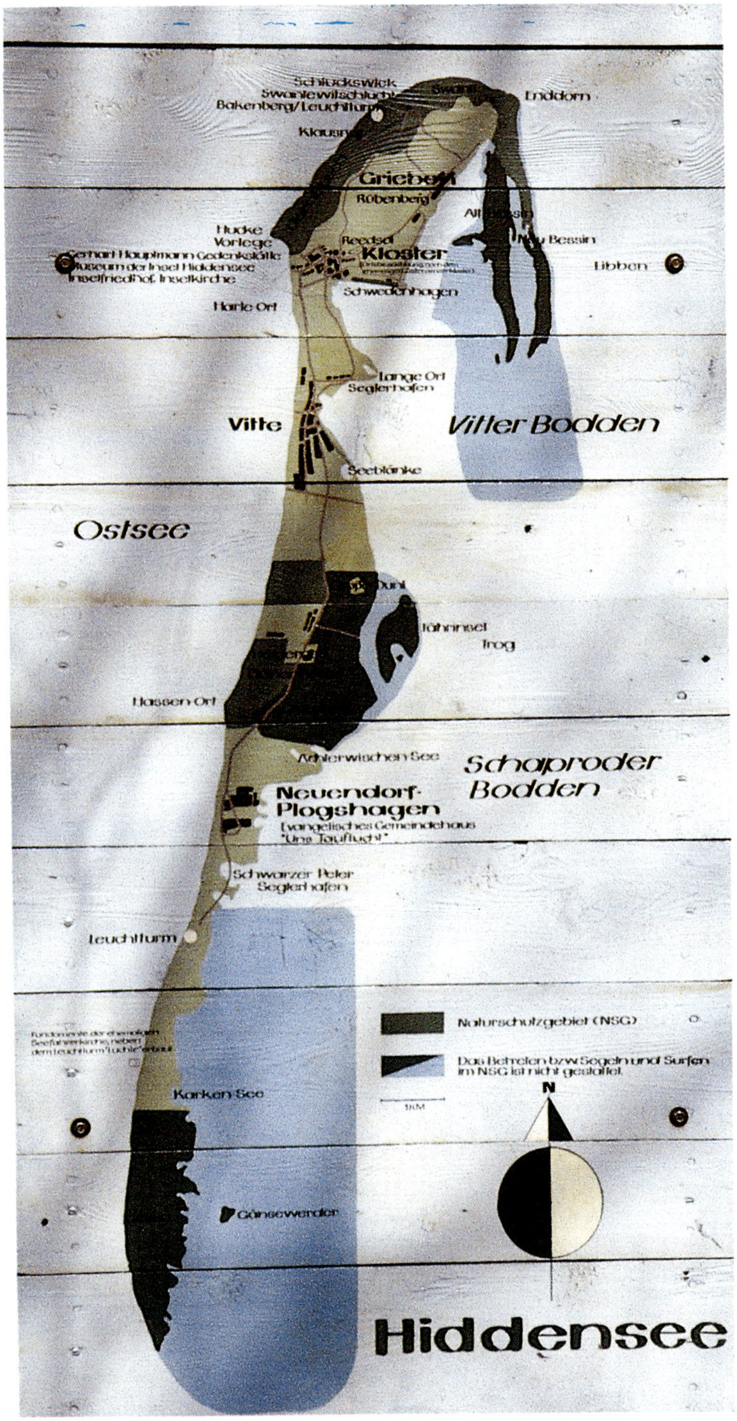

In der Ortsmitte von Kloster steht diese schöne alte Tafel der Insel. Deutlich erkennbar ist darauf die Seepferdchenform, die die Insel Hiddensee bildet.

Rezepte

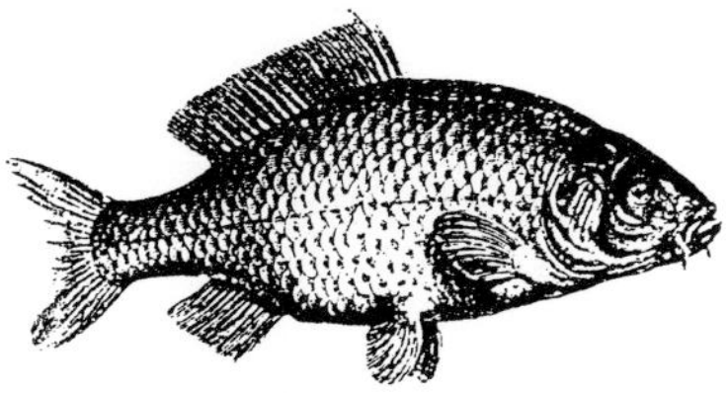

Das Gedicht »Mondscheinlerche« entnahmen wir mit freundlicher Genehmigung des Verlags Ullstein GmbH, Berlin, der Gerhart Hauptmann-Centenarausgabe, Propyläen-Verlag, Berlin.
Die Textstelle auf Seite 28 stammt aus dem Buch »Hiddensee — Aufzeichnung eines Inselpastors« von Arnold Gustavs mit freundlicher Genehmigung der Evangelischen Verlagsanstalt, Berlin.

Satz: Fotosatz Schmid GmbH.
Druck: Graphischer Großbetrieb Pößneck GmbH, 1991.
Printed in Germany.

ISBN 3-7750-0217-0

Literaturnachweis

Arnold Gustavs, Hiddensee — Aufzeichnungen eines Inselpastors, Evang. Verlagsanstalt Berlin, 3. Auflage 1990

Herbert Ewe, Hiddensee, Hinstorff Verlag Rostock 1984

Karl Ebbinghaus, Hiddensee von A bis Z — Herausgeber: Museum der Insel Hiddensee/ Rat der Gemeinde

Willi Berger, Insel Hiddensee — Wanderheft 40 VEB Tourist Verlag Berlin – Leipzig

Ein Heimatbuch, Die Insel Hiddensee — Herausgegeben von Käthe Miethe, Hinstorff Verlag Rostock 1952

Hanns Cibulka, Sanddornzeit — Tagebuchblätter von Hiddensee, Kleine Edition — Mitteldeutscher Verlag Halle – Leipzig